COMPRENDRE
LA LITTÉRATURE

MIXTE
Papier issu de sources responsables
Paper from responsible sources
FSC® C105338

DELPHINE DE VIGAN

No et moi

Étude de l'œuvre

© Comprendre la littérature.

1 rue Honoré - 93500 Pantin.
ISBN 978-2-7593-1243-6
Dépôt légal : Août 2021

Impression Books on Demand GmbH

In de Tarpen 42

22848 Norderstedt, Allemagne

SOMMAIRE

- Biographie de Delphine de Vigan............... 9

- Présentation de *No et moi*........................... 13

- Résumé du roman....................................... 17

- Les raisons du succès................................. 39

- Les thèmes principaux................................ 45

- Étude du mouvement littéraire.................... 53

- Dans la même collection............................. 57

BIOGRAPHIE DE DELPHINE DE VIGAN

Delphine de Vigan est une romancière française contemporaine reconnue pour son écriture captivante et ses explorations psychologiques profondes. Née le 1er mars 1966 à Boulogne-Billancourt, elle a grandi dans un environnement qui nourrira plus tard son imagination et son œuvre littéraire.

Issue d'une famille avec un fond riche et complexe, Delphine de Vigan a été très tôt confrontée à des expériences qui ont marqué sa vision du monde et sa sensibilité artistique. Elle a souvent parlé de son enfance et de sa jeunesse dans ses interviews, révélant comment ces années ont façonné ses perspectives et sa voix narrative.

Delphine de Vigan a fait ses études supérieures à l'Université Paris-Descartes, où elle a obtenu une maîtrise en sciences humaines. Avant de se consacrer pleinement à l'écriture, elle a travaillé dans une société d'études de marché, une expérience qui a affiné sa compréhension des dynamiques sociales et individuelles, une thématique récurrente dans son travail littéraire.

Son premier roman, *Jours sans faim*, publié en 2001 sous le pseudonyme de Lou Delvig, aborde le sujet délicat de l'anorexie, s'inspirant de ses propres expériences. Ce début remarquable a mis en lumière son talent pour traiter de sujets difficiles avec sensibilité et perspicacité.

Cependant, c'est avec la publication de *No et moi* en 2007 que Delphine de Vigan gagne une reconnaissance plus large. Ce roman, qui raconte l'histoire d'une amitié entre une adolescente surdouée et une jeune sans-abri, a été salué par la critique pour sa prose empathique et perspicace. Le livre a reçu plusieurs prix littéraires, dont le Prix des Libraires, et a été adapté au cinéma, consolidant ainsi la réputation de Delphine de Vigan dans le paysage littéraire français.

Les œuvres suivantes, comme *Les Heures souterraines* (2009) et *Rien ne s'oppose à la nuit* (2011), continuent d'explorer des thèmes tels que la marginalité, la souffrance psychologique et les dynamiques familiales complexes. *Rien ne s'oppose à la nuit*, un récit autobiographique poignant qui explore la vie et la mort de sa mère, a été particulièrement bien reçu, soulignant la capacité de l'auteure à tisser des récits profondément personnels et universellement résonnants.

Avec *D'après une histoire vraie* (2015), Delphine de Vigan plonge dans le thriller psychologique tout en questionnant les frontières entre réalité et fiction. Ce roman, qui a remporté le Prix Renaudot et le Prix Goncourt des lycéens, a été adapté en film par le réalisateur Roman Polanski, témoignant de l'impact de son œuvre au-delà du monde littéraire.

La capacité de Delphine de Vigan à aborder des sujets profonds avec une écriture élégante et une acuité psychologique a consolidé sa position en tant qu'une des voix littéraires les plus importantes de sa génération. Ses romans, traduits en plusieurs langues, continuent de toucher un public international, faisant d'elle une figure marquante de la littérature contemporaine française.

PRÉSENTATION DE NO ET MOI

No et moi est une œuvre profonde et touchante de Delphine de Vigan, publiée en 2007 aux éditions Jean-Claude Lattès. Le roman s'inscrit dans la tradition littéraire réaliste contemporaine, avec une narration à la première personne qui donne une voix intime et personnelle à l'histoire. La structure narrative et la forme littéraire du roman contribuent à son impact émotionnel et à sa résonance avec le lecteur.

Le roman suit l'histoire de Lou Bertignac, une jeune fille de treize ans dotée d'une intelligence exceptionnelle, mais socialement isolée. Lou vit dans un Paris contemporain et réaliste, où elle observe le monde avec une curiosité intense et une sensibilité profonde. Sa vie change lorsqu'elle rencontre No, une jeune femme sans-abri, lors d'une étude sociologique pour son école. No, de son vrai nom Nolwenn, est une adolescente de dix-huit ans dont la vie a été marquée par l'abandon, la précarité et la solitude.

La relation entre Lou et No est au centre de la structure narrative du roman. La narration est menée par Lou, dont la perspective unique et la voix narrative captivante attirent le lecteur dans son monde intérieur. À travers les yeux de Lou, le lecteur découvre la vie de No, ainsi que les défis sociaux et personnels auxquels les deux personnages sont confrontés. La narration à la première personne permet une immersion profonde dans les pensées et les émotions de Lou, rendant l'histoire immédiatement palpable et intime.

La puissance des thèmes abordés est amplifiée par la forme littéraire de *No et moi*, caractérisée par sa simplicité et sa clarté. Delphine de Vigan utilise en effet un langage clair et direct, et elle le fait avec une finesse qui capture la complexité des émotions et des situations. Le style d'écriture est fluide et accessible, rendant le roman accessible à un large public tout en abordant des questions profondes telles que la marginalité, l'amitié, la famille et la capacité de l'individu à influencer la vie des autres.

La rencontre de Lou avec No et leur relation subséquente fonctionnent comme un catalyseur pour l'évolution de Lou. À travers No, Lou est confrontée à la dure réalité de la vie dans les rues de Paris, un contraste frappant avec sa propre existence relativement protégée. Cette confrontation pousse Lou à mûrir et à développer une compréhension plus profonde du monde qui l'entoure. Le roman explore ainsi la croissance personnelle et le passage à l'âge adulte, soulignant la manière dont les relations humaines peuvent transformer et enrichir nos vies.

RÉSUMÉ DU ROMAN

Chapitre 1

Lou Bertignac, une élève surdouée mais timide, est poussée par son enseignant de SES à s'engager dans un exposé sur les SDF, malgré ses réticences. Entourée d'une famille aux prises avec la dépression et le chagrin, et attirée par Lucas, le rebelle de sa classe, Lou se trouve à la croisée des chemins entre son monde intérieur complexe et les défis de son environnement scolaire et familial.

Chapitre 2

Lou rencontre No, une jeune SDF, à la gare d'Austerlitz. Malgré la timidité et les non-dits, Lou s'efforce de créer un lien, mais reste avec des questions non résolues. Le contraste entre sa vie protégée et la dure réalité de No la pousse à s'interroger sur l'injustice sociale, une réflexion accentuée par la réponse simple mais lourde de sens de sa mère : la vie est parfois injuste.

Chapitre 3

Lou révèle sa perception affûtée de son environnement scolaire, marquée par un intérêt silencieux pour Lucas Muller. Elle exprime sa solitude en inscrivant « zéro » pour ses frères et sœurs sur la fiche de présentation, soulignant son sentiment d'isolement malgré sa connaissance précise des élèves et de la dynamique de classe.

Chapitre 4

Lou expérimente le contraste saisissant entre sa propre vie et celle de No lors d'un rendez-vous au café. Fascinée par l'insolence et la force de caractère de No, qui préfère la vodka au chocolat et subtilise une cigarette, Lou est également confrontée à l'inconfort de la réalité de No: sa saleté et son absence de foyer. Ce rendez-vous révèle la dureté de la vie de No et provoque chez Lou un mélange d'admiration et de malaise, accentuant la distance entre leurs mondes. Lou, témoin de la vulnérabilité de No lorsqu'elle s'endort, est poussée à réfléchir sur sa propre position et sur la complexité des vies en marge.

Chapitre 5

Lou se confronte à l'autorité de M. Marin, son professeur de SES, qui, malgré sa rigueur, l'aide en lui fournissant des informations sur les SDF pour son exposé. Elle se voit comme une observatrice en marge, évoquant les défis d'être intellectuellement précoce et ses difficultés d'intégration sociale. La reconnaissance de Lucas qui admire sa prestance face à M. Marin, éclaire un peu sa solitude. Lou est déterminée à convaincre No de contribuer à son exposé, marquant un pas vers l'interaction entre son monde scolaire et sa rencontre récente avec la dure réalité de No.

Chapitre 6

Lou aborde avec hésitation le sujet de l'interview avec No, qui, après un moment de silence, révèle son pragmatisme en demandant ce qu'elle y gagnera. Ce moment met en évidence les différences dans leurs perspectives et les réalités auxquelles elles sont confrontées. Parallèlement, Lou trouve du réconfort dans les paroles apaisantes de son père concernant l'état de sa mère, soulignant la patience nécessaire face aux difficultés. La pensée des encouragements de Lucas agit comme une ancre, lui donnant la force de naviguer à travers les incertitudes de ses relations familiales et de son projet avec No.

Chapitre 7

Lou révèle le passé douloureux de sa famille, marqué par la perte tragique de Thaïs, sa petite sœur, à la suite d'une mort subite du nourrisson, un événement qui a plongé sa mère, Anouk, dans la dépression. Cette révélation offre un contexte poignant à la maturité et à la sensibilité de Lou, qui, identifiée comme intellectuellement précoce par une psychologue, a dû naviguer dans un environnement spécialisé loin de chez elle. Le chapitre trace un portrait d'une famille brisée par le chagrin mais unie dans l'espoir d'un avenir meilleur, avec Lou et son père attendant patiemment le jour où Anouk trouvera la force de surmonter son deuil.

Chapitre 8

Lou et No entament une série de rencontres intermittentes au café, marquées par l'incertitude de la présence de No. L'accord de No à être interviewée par Lou, bien que mystérieux dans ses motivations, ouvre une fenêtre sur la réalité brute de la vie de SDF de No. Ces sessions, ponctuées de récits sur où elle dort et ce que sont ses journées, mettent en lumière non seulement la précarité de la vie de No mais aussi la complexité de la relation naissante entre elle et Lou, un mélange de curiosité, de compassion, et d'imprévisibilité.

Chapitre 9

Lou continue à rencontrer No au café, finançant leurs rendez-vous avec l'argent de sa grand-mère et mentant à ses parents sur ses activités. No partage avec elle les réalités difficiles de la vie dans la rue sans demander rien en retour, si ce n'est que Lou paie pour ses consommations. Cela révèle la profondeur de l'engagement de Lou envers No et contraste avec la précarité quotidienne vécue par No.

Chapitre 10

Lou découvre des aspects poignants du passé de No : son placement en foyer à 12 ans et le fait que sa mère, vivant à Ivry, a refait sa vie, qu'elle a un autre fils. Alors que Lou termine son exposé, elle se trouve à un carrefour émotionnel, cherchant un moyen de maintenir le lien avec No. La pensée de proposer à No de venir dormir chez elle montre la profondeur de son souci et son désir de soutien, tout en soulignant son hésitation et le courage que cela nécessiterait. Ce chapitre capture le dilemme intérieur de Lou face à la vulnérabilité de No et sa propre quête de courage pour agir.

Chapitre 11

L'exposé de Lou est un succès, marquant un moment clé de reconnaissance et d'accomplissement pour elle. L'ovation de ses camarades de classe et la note élevée attribuée par M. Marin, un 18, confirment sa réussite. Cependant, cette victoire est tempérée par son épuisement émotionnel et physique, si profond qu'elle s'endort en classe. La gentille moquerie de Lucas en la réveillant et en l'aidant avec ses affaires ajoute une touche de camaraderie et de légèreté à cet instant intense, illustrant la complexité des émotions de Lou et l'importance des liens qu'elle commence à tisser avec ses pairs.

Chapitre 12

L'absence inattendue de No au rendez-vous laisse Lou inquiète et consciente de la réalité imprévisible de la vie de rue. Ses échanges à la maison reflètent un mélange de préoccupation pour sa mère et de réconfort dans le geste attentionné de son père, qui lui offre une encyclopédie qu'elle désirait, marquant un contraste entre l'incertitude de ses relations extérieures et l'affection au sein de sa famille.

Chapitre 13

Lou se trouve confrontée à la complexité des relations humaines et à la dure réalité de la société. Une invitation de Lucas, bien qu'apparemment anodine, provoque chez elle une réaction de peur et de retrait, révélant son insécurité et son malaise social. Par la suite, le récit de la tragique fin de Mouloud, le SDF mort de froid, soulève des questions profondes chez Lou sur la société et l'indifférence. La tentative de son père d'expliquer la complexité de ces problèmes souligne la lutte entre la perspective naïve et idéaliste de Lou et la réalité souvent implacable du monde extérieur.

Chapitre 14

Lou passe les vacances de Noël à Paris, où elle défend farouchement sa mère contre les critiques de sa tante, montrant sa sensibilité et son attachement familial. Parallèlement, la préoccupation de Lou pour No persiste, mettant en lumière son empathie et son contraste entre la sécurité de son foyer et l'incertitude de la vie de No.

Chapitre 15

Lou intensifie sa recherche pour retrouver No, explorant les zones difficiles de Porte de Bagnolet et interagissant avec les connaissances de No pour obtenir des indices. Sa persévérance aboutit à des informations sur une soupe populaire fréquentée par No, où Lou décide de se rendre fréquemment. Ce geste illustre son courage et son engagement profond envers No, soulignant sa détermination à aider malgré les défis.

Chapitre 16

Le dernier jour des vacances est marqué par une rencontre tendue entre Lou et No. No, manifestement perturbée, repousse Lou, questionnant ses motivations et soulignant la séparation entre leurs mondes. Lou, frustrée et désorientée par cette confrontation et le comportement distant de No, la quitte agacée. Ce chapitre met en évidence la complexité des relations entre les deux filles, la lutte de Lou pour comprendre et connecter avec No, et le choc des réalités entre la vie protégée de Lou et la dureté de la vie dans la rue.

Chapitre 17

Lou se perd dans ses pensées, juxtaposant ses réflexions sur des sujets vastes et complexes comme l'astronomie avec des souvenirs doux et des considérations sur sa propre différence physique et sociale par rapport à ses camarades. Ce contraste souligne son sentiment d'isolement et son désir de se connecter à son environnement tout en restant fidèle à sa nature unique et réfléchie.

Chapitre 18

Lou est confrontée à l'intérêt que lui porte Lucas, qui lui demande comment se sont passées ses vacances. Sa réticence à partager ses expériences avec No révèle sa difficulté à ouvrir son monde intérieur. Lou est également perplexe et incertaine quant aux intentions de Lucas, se demandant pourquoi il cherche à passer du temps avec elle, une fille timide et réservée, alors qu'il est populaire et courtisé par d'autres.

Chapitre 19

No est venue chercher Lou à la sortie du lycée. Lou apprend que No est dans un centre d'hébergement d'urgence et les deux filles échangent sur des sujets personnels comme Lucas et Loïc, l'ancien amoureux de No quand elle était au lycée. Malgré la réticence de No à partager certains aspects de sa vie, l'acte de Lou de l'aider financièrement pour prendre son RER et leur promesse de se revoir soulignent une amitié naissante marquée par la confiance et le soutien mutuel.

Chapitre 20

Lou fait preuve d'une audace remarquable en proposant à ses parents d'héberger No, utilisant la structure d'un exposé pour formuler sa demande. Sa démarche méthodique et réfléchie pour aborder ce sujet délicat démontre sa maturité et sa détermination à aider No. La disponibilité de la chambre de sa sœur offre une solution pratique. La décision de ses parents d'accepter de rencontrer No indique une ouverture et une confiance envers la sensibilité et le jugement de Lou. Ce chapitre souligne la croissance personnelle de Lou et l'évolution positive de la dynamique familiale face à une situation inhabituelle.

Chapitre 21

No se retrouve sans abri et en difficulté, poussant Lou à réagir rapidement. Avec l'aide de Lucas, Lou offre à No l'opportunité de se remettre en état, en allant prendre une douche chez le jeune homme, avant de l'amener rencontrer ses parents. Cette action souligne la détermination de Lou à soutenir No et la solidarité qui commence à se former autour d'elle.

Chapitre 22

Les parents de Lou acceptent d'accueillir No, offrant un refuge temporaire. L'accord sans réserve de No à cette proposition souligne peut-être son désespoir ou sa confiance en Lou. Ce moment marque une étape importante, où l'espace privé de Lou s'ouvre pour intégrer No, reflétant une extension tangible de la compassion et du soutien de la famille envers une personne en difficulté.

Chapitre 23

No trouve refuge et repos chez Lou. Lucas manifeste son intérêt en demandant des nouvelles de No et en changeant sa dynamique avec Lou, s'asseyant à côté d'elle en classe, une action qui défie les normes et suscite à la fois surprise et respect. Le soutien discret de Lucas, apportant des objets pour No, crée une complicité entre lui et Lou, illustrant un réseau de soutien qui se renforce autour de No, et soulignant un changement dans les interactions sociales de Lou à l'école.

Chapitre 24

No commence à s'intégrer dans la vie quotidienne de la famille de Lou. Elle participe aux tâches ménagères et discute avec Lou, une évolution qui reflète une relation presque fraternelle entre elles. Cependant, malgré cette intégration, No conserve une part de mystère, restant souvent muette et plongée dans ses pensées, suggérant que les complexités de son passé et son vécu continuent de l'influencer, même dans cet environnement plus stable.

Chapitre 25

Lou s'oppose ouvertement à M. Marin quand il se montre désagréable envers une élève ayant coupé ses cheveux courts, un acte de défense qui, malgré les conséquences disciplinaires, lui vaut le respect de ses camarades. La scène révèle la croissance de Lou en tant que personne prête à défendre ses convictions. Plus tard, la visite de Lou et No chez Lucas offre un aperçu de la vie familiale complexe de Lucas, marquée par l'absence de ses parents.

Chapitre 26

Sous l'égide et le soutien des parents de Lou, No fait des pas significatifs vers la réinsertion sociale, renouant avec son assistante sociale et s'engageant dans un programme de réinsertion. Sa proximité croissante avec la mère de Lou crée une dynamique bénéfique pour les deux, apportant un soutien mutuel et une compréhension. No se confie sur son passé douloureux, révélant être un enfant non désiré, né d'un viol, et négligé par sa mère, grandissant avec ses grands-parents jusqu'au décès de sa grand-mère. Ce récit éclaire les épreuves et les traumatismes de No, mettant en perspective son parcours et l'importance du soutien et de la stabilité que lui apporte sa nouvelle vie avec Lou et sa famille.

Chapitre 27

Lou et No développent une routine de confidences et de soutien mutuel. No cherche activement du travail et envisage de retrouver Loïc en Irlande. Leurs soirées chez Lucas deviennent un refuge ludique et libre, où ils peuvent échapper aux pressions du quotidien et tisser des liens plus profonds, illustrant leur quête d'équilibre entre les défis de la vie et les moments de détente.

Chapitre 28

No progresse vers l'indépendance en obtenant un emploi de femme de chambre, soutenue par la famille de Lou qui célèbre ses efforts et veille à sa santé en l'emmenant chez leur médecin suite à des douleurs au dos. Les visites régulières chez Lucas avec Lou offrent à No des moments de répit et de connexion sociale, reflétant l'équilibre entre travail et détente dans son processus de réinsertion.

Chapitre 29

No révèle les épreuves de son enfance, marquée par le rejet maternel, l'intervention sociale et les placements successifs, contrastant avec le soutien de son grand-père et ses amitiés en internat. C'est d'ailleurs là-bas qu'elle a rencontré Loïc. Lou ressent une pointe de jalousie en observant l'égalité de traitement entre No et sa propre mère, mettant en lumière les émotions complexes suscitées par l'intégration de No dans la famille.

Chapitre 30

No devient une complice dans les activités quotidiennes de Lou. Pendant ce temps, l'assistante sociale travaille sur le dossier de logement de No, mais la réalité de son emploi à mi-temps limite ses options à un foyer de réinsertion, une perspective qui inquiète Lou. La peur de Lou de perdre No souligne la profondeur de leur lien et les défis auxquels No doit faire face pour reconstruire sa vie, mettant en lumière la tension entre le besoin d'autonomie de No et le désir de Lou de maintenir leur proximité.

Chapitre 31

La mère de Lou prend en charge le foyer en l'absence du père et montre des signes d'amélioration, discutant même de Thaïs avec No, ce qui indique une progression dans son processus de guérison. Simultanément, la relation entre Lucas et Lou se renforce à travers des interactions subtiles en classe.

Chapitre 32

Lou, No, et Lucas partagent des moments légers et des souvenirs, mais No est souvent d'humeur changeante et son comportement est imprévisible – elle vole des médicaments à la mère de Lou. Par ailleurs, elle rencontre des problèmes au travail. Pendant ce temps, l'amitié entre Lucas et Lou s'épanouit, apportant un peu de réconfort. M. Marin qualifie Lou d'utopiste, reflétant un contraste entre son optimisme et les défis plus sombres auxquels No est confrontée.

Chapitre 33

No manifeste une détermination intense à affronter son passé en allant voir sa mère, une décision que Lou ne comprend pas mais qu'elle soutient par loyauté. Le refus catégorique de la mère de No de la rencontrer déclenche une réaction viscérale chez No, qui s'énerve au point de se blesser. Lou intervient, réussissant à calmer No, mettant en évidence sa capacité à apporter un soutien émotionnel dans les moments les plus tendus, et illustrant la complexité et la douleur des liens familiaux brisés et des confrontations avec le passé.

Chapitre 34

Lou se prépare à partir en Dordogne avec ses parents pour soutenir sa tante ; son mari vient de la quitter. La situation soulève une question délicate : la possibilité pour No de rester seule chez eux pendant leur absence. Ce scénario met en lumière la confiance que la famille de Lou a progressivement accordée à No, tout en soulignant les inquiétudes inhérentes à laisser No face à elle-même, compte tenu de ses récents comportements et défis.

Chapitre 35

Avant le départ de la famille de Lou, le père donne à No une leçon orale, soulignant l'importance de la confiance qu'ils placent en elle durant leur absence. Malgré ses progrès, No révèle néanmoins une vulnérabilité profonde en confiant à Lou, avec des larmes, ses sentiments d'exclusion et son doute sur sa capacité à s'intégrer pleinement dans la famille

Chapitre 36

Lou est confrontée à la dépression de sa tante, un état inattendu qui la touche profondément. Pendant ce temps, No commence à s'éloigner, cessant de donner des nouvelles. À leur retour, la famille de Lou découvre avec consternation la chambre de No transformée, marquée par des bouteilles d'alcool et des boîtes de médicaments vides, révélant une détérioration cachée de la situation de No. Cette révélation douloureuse souligne la fragilité du progrès de No et la complexité des défis auxquels elle fait face, malgré l'apparente stabilité de son nouvel environnement.

Chapitre 37

No traverse une période sombre, rentrant tard et s'éloignant de Lou. La mère de Lou, tout en comprenant la situation, prévient que si No devient une source de problèmes pour la famille, elle ne pourra pas y rester. Face à cette mise en garde, Lou se sent impuissante et déchirée, consciente de la réalité pragmatique de sa mère mais désireuse de soutenir No. Cette tension met en évidence le dilemme de Lou, tiraillée entre le désir de préserver son foyer et celui de venir en aide à son amie en difficulté.

Chapitre 38

No travaille de nuit à présent, ce qui lui permet d'obtenir une meilleure rémunération. Mais cette nouvelle routine aggrave son état, la conduisant à un abandon progressif de soi. Son absence aux rendez-vous avec l'assistante sociale coupe un lien crucial d'aide et de soutien. Face à la détérioration de No, les parents de Lou sont poussés à une réflexion profonde, conscient qu'une décision difficile concernant la présence de No dans leur foyer est imminente. Cette situation accentue la tension entre le bien-être de No et les limites de ce que la famille de Lou peut raisonnablement supporter.

Chapitre 39

La décision des parents de Lou de ne pas continuer à héberger No plonge cette dernière dans un silence douloureux, accentuant son isolement. Lou, confrontée à l'impuissance et à la colère face à cette situation, trouve un maigre réconfort dans le soutien de Lucas. Ce moment souligne la complexité des émotions en jeu, le sentiment de trahison de Lou et la dure réalité des limites des solutions familiales face aux problèmes profonds comme ceux que No rencontre.

Chapitre 40

Confrontée au départ soudain de No, Lou est submergée par la colère et une crise d'identité, se sentant impuissante et inutile malgré ses efforts pour comprendre et aider, illustrant la dure réalité de son impuissance face à des problèmes aussi complexes et profonds.

Chapitre 41

No trouve refuge chez Lucas, profitant de l'absence de sa mère pour s'installer temporairement. Lou, déterminée à ne pas abandonner No, s'associe à Lucas pour prendre soin d'elle, tout en masquant la vérité à ses parents en prétendant avoir perdu contact avec No. Cette situation souligne la résilience de Lou et son engagement envers No, ainsi que la complexité des décisions et des responsabilités qu'elle doit assumer en naviguant dans ce réseau de soutien clandestin.

Chapitre 42

Tandis que la famille de Lou entame un processus de guérison et de reprise, Lou continue de s'occuper de No chez Lucas, où un cadre strict est imposé pour sa sécurité. No semble superficiellement stable, mais Lou reste profondément inquiète pour son avenir, illustrant la persistance des tensions et des incertitudes malgré les efforts pour maintenir un semblant de normalité.

Chapitre 43

Lucas et Lou sont confrontés aux défis continus de soutenir No, qui se trouve dans un état intermédiaire, ni complètement détachée de son ancienne vie ni intégrée dans une nouvelle. Elle a l'intention d'économiser pour un potentiel voyage en Irlande, un objectif qui offre une lueur d'espoir mais aussi une source d'angoisse pour Lou, consciente de la fragilité du plan et des obstacles qui demeurent.

Chapitre 44

Lucas exprime à Lou leurs difficultés à aider No, confrontés à ses problèmes d'alcool. Les deux jeunes gens sont invités à une fête ; Lou ressent un décalage entre leur quotidien préoccupé par No et la vie adolescente normale. Elle souligne auprès de Lucas l'importance de leur soutien pour No, illustrant le conflit entre le désir d'aider et les réalités difficiles auxquelles ils sont confrontés.

Chapitre 45

Alors que les parents de Lou s'occupent d'aménagements domestiques, Lou évoque avec eux la fête d'anniversaire à laquelle elle est conviée, obtenant leur accord. Cependant, Lou est troublée par la facilité avec laquelle No semble être mise de côté, reflétant une dissonance entre la vie quotidienne et les préoccupations plus profondes liées à No.

Chapitre 46

Lucas reçoit une mauvaise note, tandis que Lou prétexte une interdiction parentale pour éviter d'aller à la fête, masquant son incapacité émotionnelle à participer. La tension s'accroît avec la révélation que des élèves ont vu Lucas et No se disputer violemment, un incident qui souligne les tensions sous-jacentes dans leurs interactions.

Chapitre 47

Lou, submergée par la colère face aux événements récents, entre en conflit avec sa mère, un affrontement qui révèle la tension accumulée. Sa déclaration selon laquelle sa mère ne l'aime pas souligne son sentiment d'isolement et de malentendu familial. Son père intervient, cherchant à apaiser la situation en soulignant les progrès de la mère et en appelant à la patience. Cette interaction met en lumière les défis internes de la famille, le processus de guérison de la mère et la complexité des relations familiales face aux tensions externes et internes.

Chapitre 48

Chez Lucas, une scène de détente tourne au drame quand No, buvant de la vodka, vomit, révélant malgré elle des liasses de billets cachées, ce qui mène à une violente dispute avec Lucas. Cet incident expose cruellement les limites de Lou et Lucas à aider No, soulignant leur impuissance face à ses problèmes profonds et leur désarroi face à l'échec de leurs tentatives de soutien.

Chapitre 49

Les parents de Lou interviennent pour la ramener chez eux, occasionnant une conversation sérieuse entre elle et son père, qui découvre que No a été hébergée chez Lucas depuis son départ. Une dispute éclate. Cet échange souligne le conflit familial exacerbé par la crise et laisse Lou profondément affectée par la complexité et la dureté des événements.

Chapitre 50

No informe Lou que la mère de Lucas est désormais au courant de leur situation, poussant Lou à agir impulsivement en quittant son domicile sans en informer ses parents. Lou aide No à s'enfuir vers l'Irlande ; elles débutent leur périple par une nuit à l'hôtel avant leur départ le lendemain. Ce choix précipité amène Lou à méditer sur sa vie et les conséquences de ses actions, marquant un tournant dans sa prise de responsabilité personnelle et ses relations familiales.

Chapitre 51

No s'éloigne délibérément de Lou à la gare, prétextant qu'elle va acheter les billets et emportant la valise avec elle. La phrase « c'est pas ta vie » résonne dans l'esprit de Lou, soulignant la séparation douloureuse et la prise de conscience brutale de Lou quant à la complexité de leur relation et les limites de son aide.

Chapitre 52

Après la disparition de No, Lou rentre chez elle à pied, trouvant dans la marche un moyen de réfléchir à la situation. À son arrivée, l'accueil chaleureux de sa mère, qui l'embrasse en exprimant son inquiétude, contraste avec l'isolement qu'elle a ressenti. L'information que son père était au commissariat pour elle souligne la gravité de son acte d'évasion et la peur qu'elle a instillée chez ses parents. Cette scène marque un retour à la réalité familiale pour Lou, offrant un moment de réconciliation et mettant en lumière les liens familiaux resserrés par l'épreuve.

Chapitre 53

Lucas et Lou, après plusieurs semaines d'attente, retrouvent Geneviève qui révèle que Loïc n'a jamais écrit à No ; c'est par un éducateur que No a appris son emplacement. Cette révélation souligne la quête désespérée et peut-être illusoire de No pour un lien perdu, révélant l'impact des espoirs non fondés sur ses décisions.

Chapitre 54

Le dernier jour au lycée est marqué par des moments forts : le départ en retraite de M. Marin, qui honore Lou en lui offrant un livre, et la promesse de Lou de se rendre à la fête de Léa Germain l'année prochaine. La relation entre Lou et Lucas évolue par un baiser, symbolisant espoir et changement après des moments difficiles, soulignant une transition positive dans la vie de Lou.

LES RAISONS
DU SUCCÈS

No et Moi de Delphine de Vigan est un roman qui a rencontré un succès retentissant, tant auprès de la critique que du public. Ce succès peut s'expliquer par plusieurs facteurs qui se sont entrecroisés au moment de sa sortie, créant un terreau fertile pour l'accueil chaleureux de l'œuvre.

À l'aube du nouveau millénaire, la France, à l'instar de nombreux pays occidentaux, se trouve confrontée à des défis sociaux de taille. La croissance économique ne parvient pas à éradiquer les poches de pauvreté et d'exclusion, et les médias commencent à se faire l'écho d'une réalité jusqu'alors peu visible : celle des personnes sans domicile, des familles éclatées, et de la jeunesse en quête de repères. La précarité économique, le chômage, et les difficultés d'accès au logement exacerbent les tensions sociales et mettent en lumière les failles d'un système en quête de réponses.

Dans ce contexte, *No et Moi* de Delphine de Vigan ne se contente pas de raconter une histoire ; le roman s'ancre profondément dans cette réalité sociale contemporaine, offrant une résonance particulière avec son époque. À travers les personnages de Lou, une adolescente surdouée mais socialement isolée, et de No, une jeune sans-abri marquée par la vie dans la rue, le roman explore des dimensions de l'existence souvent reléguées à la marge de la société. La justesse avec laquelle Delphine de Vigan aborde des thèmes comme la solitude, l'exclusion, et le désir de sauver l'autre de sa détresse, interpelle directement le lecteur, le confrontant à la complexité des liens humains et à la réalité du monde qui l'entoure.

La sensibilité de l'écriture, alliée à une approche sans concession des sujets traités, permet au roman de transcender le simple récit pour devenir un véritable miroir de la société. *No et Moi* ne se contente pas de décrire ; il questionne, remet en cause, et invite à la réflexion. En mettant en lumière la détresse psychologique des jeunes et la réalité des sans-abri, le livre contribue à élever le débat public sur des questions fondamentales, telles que l'inclusion sociale, le soutien aux plus vulnérables, et la responsabilité collective face à l'exclusion.

Par ailleurs, Delphine de Vigan, avec *No et Moi*, se positionne délibérément au cœur d'une littérature résolument engagée, portant un regard à la fois critique et tendre sur les failles de notre société. Sa contribution au genre ne se limite pas à une simple dénonciation des inégalités ou des dysfonctionnements sociaux ; elle offre, par le biais d'une écriture élégante et émotive, un pont entre le monde intérieur complexe de ses personnages et le lecteur, facilitant une immersion profonde dans le récit.

L'accessibilité de l'écriture, sans sacrifier la profondeur thématique ou la complexité des personnages, a contribué à élargir l'audience du roman, touchant un public varié incluant notamment les adolescents. Cette capacité à engager les jeunes lecteurs, souvent réputés pour leur réticence vis-à-vis de la littérature dite « sérieuse », témoigne de la réussite de Vigan à renouveler le genre de la littérature engagée, en la rendant pertinente et attirante pour une nouvelle génération.

Ensuite, notons que l'ascension médiatique de *No et Moi* ne s'est pas faite en vase clos ; elle a été catalysée par un élan de reconnaissance tant critique que populaire qui a propulsé le roman au-devant de la scène littéraire française. Les critiques élogieuses parues dans des journaux et magazines de premier plan ont joué un rôle déterminant dans la mise en lumière du roman. Ces critiques, souvent rédigées par des voix influentes dans le milieu littéraire, ont non seulement salué la maîtrise stylistique de Vigan mais ont aussi mis en avant la pertinence et la profondeur de son traitement des thématiques sociales, contribuant à élever le débat autour des questions de précarité et d'exclusion.

La réception du Prix des Libraires en 2008 a été un

moment clé dans la reconnaissance institutionnelle de l'œuvre. Ce prix, décerné par des professionnels de la vente de livres, témoigne de la qualité littéraire du roman et de son aptitude à toucher un large public. Cette distinction a servi de tremplin, encourageant de nombreux lecteurs à se tourner vers le roman, curieux de découvrir l'histoire qui avait su conquérir le cœur des libraires.

L'impact de *No et Moi* ne s'est pas arrêté aux frontières de la littérature ; l'adaptation cinématographique réalisée par Zabou Breitman en 2010 a offert une nouvelle dimension au roman. Cette transposition à l'écran a non seulement permis de toucher un public plus large, mais a aussi contribué à inscrire l'histoire de Lou et No dans le paysage culturel contemporain. Le film, par sa portée visuelle et émotionnelle, a su capturer l'essence du roman tout en le rendant accessible à ceux qui n'auraient peut-être pas franchi le pas de la lecture.

Cette adaptation a également permis de prolonger le débat sur les thèmes centraux du roman, en les rendant visuellement palpables et en les insérant dans le dialogue social et culturel au-delà du seul cercle des lecteurs. L'interprétation des personnages par les acteurs, la mise en scène des moments clés et la fidélité à l'esprit du livre ont été saluées, renforçant la position de *No et Moi* comme œuvre significative de son temps.

LES THÈMES PRINCIPAUX

La précarité et l'exclusion sociale constituent un axe central du roman de Delphine de Vigan, qui se penche sur ces réalités avec une acuité particulière à travers l'histoire de No, une jeune femme confrontée à la dureté de la vie dans la rue. Ce personnage incarne les conséquences humaines des lacunes du système social, représentant à la fois la visibilité et l'invisibilité des sans-abri dans les sociétés contemporaines.

Le traitement de la précarité dans le roman ne se limite pas à une simple description de la pauvreté matérielle ; il explore également les dimensions psychologique et émotionnelle de l'exclusion. À travers No, le lecteur est confronté aux effets dévastateurs de l'absence de sécurité, de domicile stable, et de réseau de soutien, mais aussi à la résilience face à ces épreuves. Le personnage révèle comment la marginalisation peut affecter l'estime de soi, l'accès à l'éducation, et la capacité à envisager un avenir meilleur.

Delphine de Vigan ne se contente pas de poser un regard critique sur la situation des personnes sans-abri ; elle interroge également les réponses apportées par la société à ces problèmes. À travers l'engagement de Lou envers No, le roman explore les possibilités et les limites de l'action individuelle face à l'exclusion sociale. Cette dynamique soulève des questions importantes sur la responsabilité collective, l'efficacité des dispositifs d'aide, et le rôle que chacun peut jouer dans la lutte contre la précarité.

L'histoire de No est aussi un appel à la prise de conscience sur les préjugés et les stéréotypes associés aux sans-abri. En dépeignant la complexité du personnage, ses rêves, ses échecs, et ses moments de grâce, le roman humanise une problématique souvent réduite à des statistiques ou des clichés, encourageant ainsi une approche plus empathique et nuancée.

Enfin, *No et Moi* met en lumière l'interconnexion entre différentes formes d'exclusion, qu'elles soient économiques, sociales ou émotionnelles. No, avec son histoire personnelle marquée par le rejet et la perte, symbolise les multiples visages de la précarité, rappelant que derrière chaque personne en situation d'exclusion se trouve un ensemble unique de circonstances, d'espoirs, et de luttes.

En abordant la précarité et l'exclusion sociale à travers le prisme de la littérature, Delphine de Vigan offre donc une réflexion profonde sur les défis auxquels sont confrontées les sociétés modernes, tout en plaidant pour une solidarité renouvelée envers les plus vulnérables.

L'amitié et la solidarité, également thèmes centraux dans *No et Moi*, offrent une exploration riche et émouvante de la capacité humaine à tisser des liens significatifs malgré des circonstances défavorables. La relation qui se développe entre Lou, une jeune fille intellectuellement précoce et isolée de ses pairs, et No, une jeune femme sans-abri aux prises avec les réalités de la précarité, incarne une forme de résilience et d'espoir face à l'adversité.

Cette amitié, au départ inattendue, devient le catalyseur d'un profond changement dans la vie des deux personnages. Pour Lou, No représente une ouverture sur un monde extérieur dont elle avait été largement protégée. L'engagement de Lou envers No transcende la simple curiosité ou la pitié ; il reflète un désir sincère de comprendre, d'aider et de connecter avec quelqu'un qui, malgré des expériences de vie radicalement différentes, partage une quête commune de compréhension et d'appartenance.

La solidarité qui émerge entre Lou et No démontre l'importance de l'empathie dans la construction des relations humaines. Leur amitié ne nie pas les différences sociales, économiques et personnelles qui les séparent, mais les utilise plutôt comme une base pour bâtir une connexion plus profonde. C'est dans l'acceptation de leurs vulnérabilités respectives et dans leur volonté commune de s'entraider qu'elles trouvent une force mutuelle. Cette dynamique souligne l'idée que l'amitié peut servir de fondation à la solidarité et à l'action sociale, offrant une alternative aux relations superficielles ou transactionnelles dictées par les normes sociales.

En outre, le roman montre comment cette solidarité s'étend au-delà de leur duo, influençant les personnes autour d'elles, y compris la famille de Lou et d'autres personnages secondaires. L'amitié entre Lou et No agit comme un miroir, reflétant les possibilités de compassion et de changement dans une société souvent marquée par l'indifférence et la séparation.

Parallèlement, le roman ne se fait pas d'illusions sur les défis inhérents à maintenir une telle amitié dans un monde imparfait. Les obstacles que Lou et No doivent surmonter, qu'ils soient liés à la précarité, à la santé mentale ou simplement à la compréhension mutuelle, sont traités avec une honnêteté qui renforce la crédibilité de leur lien. Cette approche sans concession ajoute une couche de réalisme à leur histoire, rappelant que la solidarité et l'amitié, bien que puissantes, nécessitent du travail, de la patience et une volonté de faire face aux difficultés ensemble.

No et Moi célèbre l'amitié et la solidarité comme des forces transformatrices capables de défier les conventions sociales et de redéfinir les notions d'appartenance et de soutien mutuel. La relation entre Lou et No offre un témoignage poignant sur la façon dont les liens humains peuvent émerger dans les lieux les plus inattendus, apportant lumière et chaleur dans les coins les plus sombres de l'existence.

Par ailleurs, Delphine de Vigan plonge le lecteur dans une exploration intime de la quête d'identité à travers le parcours de Lou, une adolescente surdouée qui se distingue de ses camarades non seulement par son intelligence exceptionnelle mais aussi par sa sensibilité exacerbée. Cette singularité, loin d'être une simple caractéristique, devient le moteur d'une introspection profonde et d'une recherche de sens qui traversent tout le roman.

La rencontre avec No agit comme un catalyseur pour Lou, l'amenant à questionner non seulement le monde qui l'entoure mais aussi sa propre place au sein de celui-ci. En se lançant dans une mission de sauvetage de No, Lou ne se contente pas de chercher à améliorer la vie de son amie ; elle cherche aussi à donner un sens à sa propre existence. Cette dynamique illustre combien les efforts pour aider les autres peuvent se transformer en un voyage introspectif, révélant des aspects méconnus de soi-même.

La quête d'identité de Lou est intimement liée aux tumultes de l'adolescence, une période où la recherche de soi et le besoin d'appartenance se heurtent souvent à la réalité d'un monde complexe et parfois indifférent. Pour Lou, cette période est d'autant plus complexe qu'elle doit naviguer entre son avance intellectuelle, qui la met à l'écart de ses pairs, et ses émotions profondément humaines, qui la rapprochent de la vulnérabilité de No. Le roman aborde avec finesse les défis de se construire une identité propre dans un contexte où les étiquettes sociales et les attentes extérieures pèsent lourd.

La différence, loin d'être un obstacle, devient pour Lou un terrain fertile pour la réflexion sur soi et sur le monde. Le roman montre comment l'acceptation de cette différence est cruciale dans la construction de l'identité. Lou apprend progressivement à voir sa précocité non comme une barrière, mais comme une particularité qui lui permet d'interagir avec le monde d'une manière unique. Cette acceptation est un aspect fondamental de sa croissance personnelle.

La recherche de sa place dans le monde est également un thème prépondérant pour Lou. À travers ses interactions avec No, sa famille, et les autres personnages, elle explore différentes façons de s'insérer dans le tissu social. Le roman suggère que trouver sa place ne signifie pas forcément s'adapter aux normes préétablies mais peut impliquer la création d'un espace propre où les différences sont non seulement acceptées mais valorisées.

No et Moi est donc une réflexion poignante sur la quête d'identité, traitant des complexités de l'adolescence, de la différence, et de la recherche de sens. Lou, en aidant No, ne se contente pas de tendre la main à une amie en détresse ; elle entreprend un voyage introspectif qui la mènera à mieux comprendre qui elle est et quelle place elle souhaite occuper dans le monde. Ce processus d'auto-découverte, avec ses défis et ses révélations, est au cœur de la maturation de Lou, faisant de sa quête d'identité un récit universel et profondément humain.

ÉTUDE DU MOUVEMENT LITTÉRAIRE

No et Moi de Delphine de Vigan, publié en 2007, s'inscrit difficilement dans un mouvement littéraire unique et strict, compte tenu de sa nature contemporaine et de la diversité des thèmes qu'il aborde. Toutefois, il est possible d'associer le roman à plusieurs courants littéraires modernes en fonction de ses caractéristiques narratives, thématiques et stylistiques.

Premièrement, *No et Moi* peut être rapproché du réalisme contemporain, dans la mesure où il décrit avec précision et authenticité la société française du début du XXIe siècle, en mettant l'accent sur des problématiques sociales actuelles telles que la précarité, l'exclusion sociale, et les difficultés adolescentes. Le réalisme de Vigan n'est pas seulement social mais aussi psychologique, offrant un regard profond sur la complexité émotionnelle de ses personnages, leurs motivations, et leurs interactions. Ce souci du détail, cette volonté de représenter la réalité sans artifice rappellent les objectifs du réalisme littéraire, mouvement qui vise à dépeindre fidèlement la société et les individus, avec leurs qualités et leurs défauts.

En parallèle, le roman pourrait être associé au courant du naturalisme, surtout pour sa volonté d'explorer les déterminismes sociaux et environnementaux qui pèsent sur les individus. À l'instar des œuvres naturalistes, *No et Moi* s'intéresse aux effets de l'hérédité et du milieu sur le destin des personnages, notamment à travers le parcours de No, dont la vie semble être prédestinée par son contexte familial et social. Cependant, Vigan transcende cette fatalité apparente en introduisant des éléments d'espoir et de changement, éloignant ainsi son œuvre d'un naturalisme strict.

Le roman partage également des affinités avec la littérature engagée, un mouvement qui voit les écrivains prendre position sur les enjeux sociaux et politiques de leur temps. Par le biais de son récit, Vigan soulève des questions importantes sur la solidarité, l'empathie, et la capacité de l'individu à agir sur son environnement. Elle invite le lecteur à une réflexion sur la société et son fonctionnement, poussant à l'action ou à la prise de conscience, ce qui est caractéristique des œuvres engagées.

Enfin, *No et Moi* pourrait être rattaché à une forme de littérature du quotidien, qui trouve son essence dans la description minutieuse des expériences de vie ordinaires, des sentiments et des émotions personnelles. La finesse avec laquelle Vigan aborde les relations humaines, les peurs et les espoirs de ses personnages confère à son roman une dimension universelle, touchant à l'intime tout en évoquant des réalités sociales larges.

DANS LA MÊME COLLECTION
(par ordre alphabétique)

- **Anonyme**, *La Farce de Maître Pathelin*
- **Anouilh**, *Antigone*
- **Aragon**, *Aurélien*
- **Aragon**, *Le Paysan de Paris*
- **Austen**, *Raison et Sentiments*
- **Balzac**, *Illusions perdues*
- **Balzac**, *La Femme de trente ans*
- **Balzac**, *Le Colonel Chabert*
- **Balzac**, *Le Lys dans la vallée*
- **Balzac**, *Le Père Goriot*
- **Barbey d'Aurevilly**, *L'Ensorcelée*
- **Barbey d'Aurevilly**, *Les Diaboliques*
- **Bataille**, *Ma mère*
- **Baudelaire**, *Les Fleurs du Mal*
- **Baudelaire**, *Petits poèmes en prose*
- **Beaumarchais**, *Le Barbier de Séville*
- **Beaumarchais**, *Le Mariage de Figaro*
- **Beauvoir**, *Mémoires d'une jeune fille rangée*
- **Beckett**, *Fin de partie*
- **Brecht**, *La Noce*
- **Brecht**, *La Résistible ascension d'Arturo Ui*
- **Brecht**, *Mère Courage et ses enfants*
- **Breton**, *Nadja*
- **Brontë**, *Jane Eyre*
- **Camus**, *L'Étranger*
- **Camus**, *Le Mythe de Sisyphe*
- **Carroll**, *Alice au pays des merveilles*
- **Céline**, *Mort à crédit*

- **Céline**, *Voyage au bout de la nuit*
- **Chateaubriand**, *Atala*
- **Chateaubriand**, *René*
- **Chrétien de Troyes**, *Perceval*
- **Cocteau**, *Les Enfants terribles*
- **Colette**, *Le Blé en herbe*
- **Corneille**, *Le Cid*
- **Crébillon fils**, *Les Égarements du cœur et de l'esprit*
- **Defoe**, *Robinson Crusoé*
- **Dickens**, *Oliver Twist*
- **Du Bellay**, *Les Regrets*
- **Dumas**, *Henri III et sa cour*
- **Duras**, *L'Amant*
- **Duras**, *La Pluie d'été*
- **Duras**, *Un barrage contre le Pacifique*
- **Flaubert**, *Bouvard et Pécuchet*
- **Flaubert**, *L'Éducation sentimentale*
- **Flaubert**, *Madame Bovary*
- **Flaubert**, *Salammbô*
- **Gary**, *La Vie devant soi*
- **Giraudoux**, *Électre*
- **Giraudoux**, *La Guerre de Troie n'aura pas lieu*
- **Gogol**, *Le Mariage*
- **Homère**, *L'Odyssée*
- **Hugo**, *Hernani*
- **Hugo**, *Les Misérables*
- **Hugo**, *Notre-Dame de Paris*
- **Huxley**, *Le Meilleur des mondes*
- **Jaccottet**, *À la lumière d'hiver*
- **James**, *Une vie à Londres*
- **Jarry**, *Ubu roi*
- **Kafka**, *La Métamorphose*
- **Kerouac**, *Sur la route*

- **Kessel**, *Le Lion*
- **La Fayette**, *La Princesse de Clèves*
- **Le Clézio**, *Mondo et autres histoires*
- **Levi**, *Si c'est un homme*
- **London**, *Croc-Blanc*
- **London**, *L'Appel de la forêt*
- **Maupassant**, *Boule de suif*
- **Maupassant**, *La Maison Tellier*
- **Maupassant**, *Le Horla*
- **Maupassant**, *Une vie*
- **Molière**, *Amphitryon*
- **Molière**, *Dom Juan*
- **Molière**, *L'Avare*
- **Molière**, *Le Malade imaginaire*
- **Molière**, *Le Tartuffe*
- **Molière**, *Les Fourberies de Scapin*
- **Musset**, *Les Caprices de Marianne*
- **Musset**, *Lorenzaccio*
- **Musset**, *On ne badine pas avec l'amour*
- **Perec**, *La Disparition*
- **Perec**, *Les Choses*
- **Perrault**, *Contes*
- **Prévert**, *Paroles*
- **Prévost**, *Manon Lescaut*
- **Proust**, *À l'ombre des jeunes filles en fleurs*
- **Proust**, *Albertine disparue*
- **Proust**, *Du côté de chez Swann*
- **Proust**, *Le Côté de Guermantes*
- **Proust**, *Le Temps retrouvé*
- **Proust**, *Sodome et Gomorrhe*
- **Proust**, *Un amour de Swann*
- **Queneau**, *Exercices de style*
- **Quignard**, *Tous les matins du monde*

- **Rabelais**, *Gargantua*
- **Rabelais**, *Pantagruel*
- **Racine**, *Andromaque*
- **Racine**, *Bérénice*
- **Racine**, *Britannicus*
- **Racine**, *Phèdre*
- **Renard**, *Poil de carotte*
- **Rimbaud**, *Une saison en enfer*
- **Sagan**, *Bonjour tristesse*
- **Saint-Exupéry**, *Le Petit Prince*
- **Sarraute**, *Enfance*
- **Sarraute**, *Tropismes*
- **Sartre**, *Huis clos*
- **Sartre**, *La Nausée*
- **Senghor**, *La Belle histoire de Leuk-le-lièvre*
- **Shakespeare**, *Roméo et Juliette*
- **Steinbeck**, *Les Raisins de la colère*
- **Stendhal**, *La Chartreuse de Parme*
- **Stendhal**, *Le Rouge et le Noir*
- **Verlaine**, *Romances sans paroles*
- **Verne**, *Une ville flottante*
- **Verne**, *Voyage au centre de la Terre*
- **Vian**, *J'irai cracher sur vos tombes*
- **Vian**, *L'Arrache-cœur*
- **Vian**, *L'Écume des jours*
- **Voltaire**, *Candide*
- **Voltaire**, *Micromégas*
- **Zola**, *Au Bonheur des Dames*
- **Zola**, *Germinal*
- **Zola**, *L'Argent*
- **Zola**, *L'Assommoir*
- **Zola**, *La Bête humaine*
- **Zola**, *Nana*